AF602265

16 MARS 1889 3 V

VENTE DU SAMEDI 16 MARS 1889

HOTEL DROUOT, SALLE N° 8

ANCIENNES PORCELAINES

PATE TENDRE

Faïences françaises

ORFÈVRERIE, SCULPTURES

BRONZES D'AMEUBLEMENT

Meubles

ÉTOFFES — BRODERIES

TABLEAUX — DESSINS — CADRES SCULPTÉS

EXPOSITION PUBLIQUE

Le Vendredi 15 Mars 1889

DE 1 HEURE A 5 HEURES

Me P. CHEVALLIER	M. Ch. MANNHEIM
COMMISSAIRE-PRISEUR	EXPERT
10, rue de la Grange-Batelière, 10	7, rue Saint-Georges, 7.

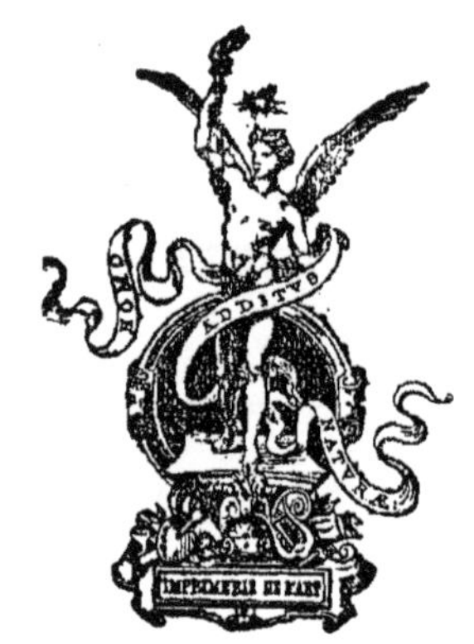
ADDITVS
NATVRÆ

CATALOGUE

DES

ANCIENNES PORCELAINES

PATE TENDRE

DE

Sèvres, Vincennes, Chantilly, Saint-Cloud, Tournay

Porcelaines de Saxe et de Chine

Biscuits de Wedgwood

FAIENCES FRANÇAISES

ORFÈVRERIE DU XVIIIe SIÈCLE

Légumiers, Flambeaux, Cafetières, Sucriers, etc.

Sculptures en marbre et en terre cuite

BRONZES D'AMEUBLEMENT

Belle Pendule par Thomyre

Cartel, Chenets, Appliques Louis XV et Louis XVI

Meubles sculptés

BRODERIES, TAPISSERIES, SOIERIES

Tableaux, Dessins

Cadres anciens en bois sculpté

DONT LA VENTE AURA LIEU

HOTEL DROUOT, SALLE N° 8

Le Samedi 16 Mars 1889

A 2 HEURES

Me PAUL CHEVALLIER	M. CHARLES MANNHEIM
COMMISSAIRE-PRISEUR	EXPERT
10, rue de la Grange-Batelière, 10	7, rue Saint-Georges, 7

EXPOSITION PUBLIQUE

Le Vendredi 15 Mars 1889, de 1 heure à 5 heures.

Don S de Mcel

D 5 1 7

CONDITIONS DE LA VENTE

Elle sera faite au comptant.

Les acquéreurs payeront en sus des enchères *cinq pour cent*, applicables aux frais.

L'exposition mettant le public à même de se rendre compte de l'état des objets, il ne sera admis aucune réclamation une fois l'adjudication prononcée.

Paris. — Imp. de l'Art. E. Ménard et Cie, 41, rue de la Victoire.

Désignation des Objets

PORCELAINES

1 — SÈVRES. Tasse cylindrique et soucoupe, pâte tendre, fond turquoise et médaillons circulaires en réserve contenant des roses et encadrés de couronnes de feuilles en dorure.

2 — SÈVRES. Tasse cylindrique et soucoupe, pâte tendre, fond gros bleu et bordures à guirlandes réservées entre deux filets d'or.

3 — SÈVRES. Tasse cylindrique, pâte dure, fond gros bleu et médaillons à paysage, et une soucoupe en vieux Vincennes, pâte tendre, à bord gros bleu et médaillon contenant des oiseaux.

4 — Sèvres. Tasse cylindrique et sa soucoupe, pâte tendre, à semis de fleurettes et à festons entre deux galons bleus à pois et filets dorés.

5 — Sèvres. Tasse trembleuse obconique et son plateau en porcelaine tendre à décor polychrome, guirlandes de fleurs et festons de feuilles avec bordure lobée, bleu et or.

6 — Sèvres. Tasse droite et soucoupe, pâte tendre, fond orangé couvert d'œils de perdrix en dorure, médaillons à bouquets, bordure à fleurs et ornements sur fond pointillé bleu. Décor par Cornaille, 1783.

7 — Sèvres. Tasse cul de poule et soucoupe lobée, pâte tendre, à bouquets détachés dans des encadrements de hachures bleues.

8 — Sèvres. Tasse cylindrique et soucoupe, pâte tendre, décor polychrome à médaillons et guirlandes avec bordure d'imbrications violettes filetées d'or.

9 — Sèvres. Pot à crème, pâte tendre, à médaillon

paysage polychrome, double ceinture composée d'éléments lobés, en violet et dorure.

10 — Sèvres. Deux pièces en pâte tendre, petite tasse droite fond vert et médaillon d'oiseaux, et une soucoupe à triple bordure de fleurs et d'entrelacs.

11 — Sèvres. Tasse droite et soucoupe, pâte tendre, à bande festonnée en réserve contenant des couronnes de roses alternant avec des rosaces fleuronnées ; bord semé d'œils de perdrix bleus et rehauts d'or. Décor de Mérault aîné, 1769.

12 — Sèvres. Petite tasse droite et soucoupe, pâte tendre, à fleurs en camaïeu bleu et dent de loup dorées.

13 — Tasse à thé, pâte tendre, fond vert, décorée de perles en émaux de couleur avec rehauts d'or.

14 — Vincennes. Seau à anses doubles détachées et reliées au vase par des fleurettes en relief émaillées en couleur ; il est décoré de deux médaillons polychromes représentant des paysages.

15 — Sèvres. Théière ovoïde couverte et pot à crème couvert en pâte tendre, à décor de bouquets polychromes, par *Commelin*, et dents de loup en dorure, 1774.

16 — Sèvres. Assiette en pâte tendre, à marli gros bleu décoré de rinceaux en dorure et offrant au fond un médaillon buste, encadré d'une couronne de fleurs.

17 — Tournay. Cabaret solitaire en pâte tendre à large bordure de vases, d'ornements et de rinceaux en couleur sur fond carmin avec filets d'or. Il comprend un plateau ovale, une théière, un pot à lait, un sucrier couvert et une tasse arrondie avec soucoupe.

18 — Chantilly. Deux pièces : théière côtelée et soucoupe à décor polychrome dans le goût chinois ; le couvercle est monté en argent.

19 — Chantilly. Deux jolis seaux à décor polychrome, palissade et feuillages dans le goût chinois, bordure à festons de fleurs sur fond pointillé de noir.

20 — Saint-Cloud. Sucrier couvert à godrons en relief et bordure de rinceaux en bleu.

21 — Saint-Cloud. Tasse et soucoupe à cavité à godrons en relief, et bordure à zigzags réservés sur fond bleu.

22 — Saint-Cloud. Petit vase ovoïde et côtelé à couvercle, décoré en bleu de lambrequins opposés.

23 — Saint-Cloud. Tasse et soucoupe à galerie à godrons en relief et bordure de palmes et ornements peints en bleu.

24-25 — Saint-Cloud. Deux tasses et présentoirs à galerie, analogues à la précédente.

26 — Saint-Cloud. Grande tasse obconique et une soucoupe à galerie.

27 — Frankenthal. Statuette emblématique du Printemps.

28 — Saxe. Deux flambeaux d'ancienne porcelaine

de Saxe de forme contournée et à fleurettes en relief, décorés en émaux polychromes. Époque Louis XV.

29 — Saxe. Deux tasses rondes de vieux Saxe à décor polychrome, pastorales à la Watteau et deux soucoupes de même porcelaine à personnages.

30 — Saxe. Flacon quadrangulaire à médaillons lobés contenant des paysages finement peints, en réserve sur fond émaillé violet.

31 — Venise. Deux coquetiers fond blanc, à décor de dragons émaillés vert.

32 — Saxe. Écuelle couverte et plateau en vieux Saxe, fond jaune et réserves lobées à fleurs.

33 — Venise. Deux assiettes à bords lobés, offrant, au centre, un paysage en camaïeu rose, et, au marli, une couronne de feuilles et un galon en dorure.

34 — Chine. Trois assiettes, à décor rayonnant,

chimères, corbeilles, papillons et fleurs en émaux de couleur avec bordure à fond rose.

35 — Chine. Plat décoré en émaux de la famille verte ; au fond, une scène guerrière ; marli vert, à décor de grecques disposées en carrelage.

36 — Chine. Deux bols, à décor d'oiseaux et d'arbustes en émaux de couleur avec rehauts d'or.

37 — Chine. Plat rond, décoré en émaux de la famille verte : au fond, une scène familière composée de cinq figures. Bordure mosaïque en émaux polychromes coupée de huit réserves : Objets sacrés.

38 — Chine. Potiche surbaissée, décor à mandarins en émaux de couleurs.

39 — Deux petits vases à corps en porcelaine de Saxe, et couvercles en Chine avec jolie monture en bronze ciselé et doré, piédouche, anses droites s'appuyant sur des têtes de béliers et gorge de feuillages repercés à jour.

40 — Biscuit. Groupe représentant une bergère endormie et l'Amour planant sur un nuage.

41 — Wedgwood. Plateau rond, à fond bleu et bord orné de palmettes en relief réservées en blanc.

42-43 — Wedgwood. Deux paires de vases Louis XVI, en Wedgwood noir, à mascarons, guirlandes et ornements en relief.

44 — Wedgwood. Petit socle rond, à guirlandes, trophées et médaillons en relief, réservés blanc sur fond bleu ; la corniche est revêtue d'un cercle en argent.

FAIENCES

45 — Moustiers. Pot à eau et cuvette ovale, à décor polychrome très fin, composé de grands médaillons représentant des néréides et des tritons, de petits médaillons à figures mythologiques, de bouquets et de guirlandes.

46 — Rouen. Huilier à décor très soigné, en bleu et rouge de fer, composé de cartouches quadrillés, de fleurons et de rinceaux.

47 — Aprey. Cabaret à décor polychrome, très fin, composé de chiens, de gibier de poil et de plume, et d'attributs de chasse. Les bords contournés sont relevés d'un filet bleu. Ce cabaret comprend : un plateau oblong, une cafetière, un sucrier, une tasse et deux soucoupes. Époque Louis XV.

48 — Rouen. Bouteille carrée à col conique, décorée, en bleu, de figures sous des édicules surmontés d'un lambrequin.

49 — Rouen. Assiette à la corne.

50 — Faïence allemande. Figurine de berger, émaillée en couleur.

51 — Sinceny. Deux plats semblables à décor polychrome, armoiries, lions héraldiques, figures allégoriques, cornes d'abondance et guirlandes.

52 — Strasbourg. Plateau ovale à marli plissé émaillé vert ; au fond, un bouquet polychrome.

53 — Grand vase ovoïde décoré de bouquets polychromes.

54 — Nevers. Grand bas-relief décoré d'émaux polychromes : la Femme adultère.

Haut., 31 cent. ; larg., 42 cent.

55 — Nevers. Deux petites plaques à sujets religieux, peints en bleu et jaune avec encadrement de moulures saillantes.

ORFÈVRERIE

56 — Beau légumier à oreilles plates ajourées, plateau à bords contourné et couvercle surmonté d'un chou ; décor à rocailles et feuillages ciselés en relief ; il porte une armoirie gravée. Époque Louis XV.

57 — Légumier à oreilles plates et à couvercle à bouton plat, décor à médaillons ciselés et godrons en relief. Époque Louis XIV.

58 — Deux grands flambeaux de l'époque Louis XIV, à tige hexagonale, à moulures et coquilles.

59 — Deux flambeaux en argent du Directoire, à tiges hexagones surmontées de trois bustes de femmes qui supportent les douilles en forme de vases Médicis ; les pieds sont chargés de palmettes gravées.

60 — Petit bougeoir Louis XV, à plateau quadrilobé bordé de moulures.

61 — Deux salières ovales, Louis XVI, l'une couverte, à guirlandes de laurier et médaillons.

62 — Couvert, cuillère et fourchette, en argent ciselé et doré, à coquilles et rocailles. Époque Louis XV.

63 — Sucrier en forme de vase, élevé sur trois pieds, muni de deux poignées latérales et à couvercle surmonté d'une graine ; modèle à cannelures obliques et rocailles. Époque Louis XV.

64 — Cafetière piriforme, en argent, à couvercle surmonté d'une fleur ; elle est élevée sur trois pieds cintrés et décorée de rocailles et de médaillons enguirlandés. Époque Louis XV.

65 — Chocolatière de même forme que la pièce qui précède.

66 — Rafraîchissoir Louis XIV, à godrons et à armoiries gravées en cuivre.

67 — Cinq autres, en cuivre argenté.

SCULPTURES

68 — MARBRE BLANC. Buste de Voltaire, par HOUDON; il est élevé sur un piédouche aussi en marbre blanc.

69 — MARBRE BLANC. Deux statuettes de baigneuses accroupies. XVIIIe siècle.

70 — TERRE CUITE. Médaillon, par Nini : Thérèse-Élisabeth Leray de Chaumont.

71 — TERRE CUITE, par Nini, 1765 : Buste d'homme de profil à gauche.

72 — TERRE CUITE, par Nini : Buste de Franklin, tête nue.

73 — Autre médaillon, plus petit, Franklin en bonnet de fourrure.

74 — Terre cuite. Médaillon : le pape Clément XI.

75 — Ivoire. Statuette de personnage sacré, drapé dans un long manteau. Travail chinois.

76 — Divinité boudhique en bronze doré. Très ancien travail chinois.

BRONZES D'AMEUBLEMENT

77 — Grande et belle pendule de l'époque Louis XVI, par *Thomyre*, en bronze ciselé, partie doré, partie patiné. Deux statuettes de vestales portent, sur une sorte de brancard recouvert d'une riche draperie au milieu de laquelle ressort le cadran, un autel antique triangulaire, en marbre blanc, à têtes de béliers et sphinx de bronze. Le socle de la pendule, en marbre bleu turquin, décoré de bas-reliefs, jeux d'enfants et génies en bronze doré, est supporté par quatre lions de

bronze, à patine brune, caparaçonnés et couchés sur une plinthe de marbre turquin.

Haut., 53 cent.; larg., 65 cent.

78 — Deux appliques Louis XV, en bronze ciselé et doré, à trois lumières chaque, composées de branches contournées et feuillages.

79 — Cartel Régence, à feuilles, palmes et rocailles; il est surmonté d'une figurine de Chinois.

80 — Deux grands flambeaux italiens, en bronze ciselé et doré, à motifs de feuilles et de rocailles; le pied est repercé à jour. XVIIIe siècle.

Haut., 30 cent.

81 — Deux grands chenets Louis XVI, en bronze ciselé et doré; modèle composé de cassolettes sur des fûts cannelés reliés par une bande de rinceaux fleuris.

82 — Deux chenets de la fin du XVIIIe siècle : sphinx en bronze patiné, couchés sur des socles à draperies et à pieds-toupies en bronze doré.

83 — Deux petits socles carrés, à pourtour simulant une draperie, bronze ciselé et doré. XVIIIe siècle.

84 — Pendule Louis XVI, en marbre blanc et bronze ciselé et doré, à sujet : Nymphe et Amour ; socle décoré d'un bas-relief : Jeux d'enfants, et d'appliques en bronze ciselé et doré.

MEUBLES

85-86 — Deux consoles demi-lunes, en bois sculpté et peint gris, à pieds carrés en forme de carquois et à guirlandes détachées retombant sous la ceinture qui est décorée de postes. Dessus en marbre.

87 — Baromètre-thermomètre en bois sculpté et doré, de l'époque Louis XVI, modèle à branches de laurier, guirlandes et ruban.

88 — Petite vitrine en hauteur et sa table-support à tréteaux, plaqués d'écaille et incrustés de filets de bois et à moulures noires ; le fond de la

vitrine est peint à l'huile et représente un paysage, avec figures et animaux. Travail espagnol du XVIIe siècle.

ÉTOFFES, BRODERIES

89 — Beau tableau représentant la Vierge et l'Enfant Jésus, d'après Raphael, au milieu d'une couronne de fleurs. Travail en tapisserie au petit point, sur fond à damier brodé en fin en argent doré. XVIIIe siècle,

90 — Petit tapis de soie crème, à couronne d'épis entourant un chiffre, en broderie d'argent et de chenille. XVIIIe siècle.

91 — Deux garnitures complètes de fauteuils en ancienne tapisserie d'Aubusson, à dessin rouge sur fond jaune.

92 — Petite feuille d'écran en tapisserie d'Aubusson : deux enfants dans un encadrement de draperie et de fleurs. Époque Louis XV

93 — Dessus de coussin en tapisserie à la main.

94 — Deux fragments d'ancienne tapisserie de Beauvais, fond blanc à décor de sphinx, sur des cartels à figures en camaïeu rose.

95 — Montant ou bande d'entredeux en broderie de soies multicolores sur fond jaune, à dessins de vases, de chimères et d'entrelacs, dans le goût de Berain. Travail du XVIIIe siècle.

96 — Chasuble en brocart d'argent, à dessin blanc sur fond vert. XVIIe siècle.

97 — Grand morceau de brocart d'argent Louis XV, à fleurs et bandes ondulées sur foud bleu. Environ 12 mètres.

98 — Environ 4 m. 1/2 de velours à dessin grenat sur tissu jaune.

99 — Petit couvre-lit d'ancien damas rouge.

100 — 3 m. 85 cent. de lampas Louis XIV, à dessin de fleurs, blanc et vert sur fond rouge

101 — Habit Louis XVI, en velours à raies

102 — Quatre pièces : devant de chasuble en brocart, carré et deux ornements sacerdotaux de velours grenat.

103 — Quatre glands et un bout d'ancienne frange en passementerie.

104 — Lot composé d'une ancienne frange à grilles verte et d'un petit effilé en plusieurs couleurs.

105 — Revêtement de dais en soie Louis XVI, à raies et bouquets brochés en couleur.

106 — Cinq morceaux de soie Louis XVI, à dessin blanc sur fond bleu, d'après Sallambier.

107 — Quatre belles bandes de tapisserie au point Louis XIV, à dessins de couleur sur fond noir.

108-109 — Deux grandes pièces de tenture de toile imprimée.

110 — Chape du XVIIe siècle, en soie à fleurs brochées blanc sur fond rouge, bordée d'une dentelle métallique argentée.

111 — Trois bonnets, brocarts bordés de dentellés métalliques.

TABLEAUX, DESSINS

CADRES SCULPTÉS

112 — École française du xviie siècle : Portrait de femme portant un riche costume. Cadre de l'époque Louis XIV, en bois sculpté et doré.

113 — Portrait d'homme. Pendant du précédent.

114 — Trois panneaux de voiture, décorés au vernis sur fond aventuriné; composition mythologique. Époque Louis XV.

115 — Panneau de voiture peint au vernis : Groupe d'enfants sur fond aventurine. xviiie siècle.

116 — Assiette peinte à l'huile, par *Hubert Robert :* Paysage avec architecture.

117 — Dessin par *Gamelin :* Paysage avec cavalier et pâtres arrêtés à une fontaine. Crayon noir et blanc.

118 — Dessin : Personnage coiffé d'un turban ; dessin à la plume, par *Guerchin.*

119 — Dessin : nombreuses têtes dessinées à la plume. Signé Gandolfi.

120 — Dessin à la sanguine : l'Autel de l'Amour. Signé *Parent, 1778.*

121 — Dessin par VINCENT, 1781 : l'Heureuse Mère ; crayon noir et blanc.

122 — Aquarelle, par *Leprince :* Femme orientale.

123 — Dessin à la plume et à la sépia, par LA RUE : Bacchanale.

124 à 129 — Six cadres anciens en bois sculpté.

130 — Glace avec encadrement sculpté, à fronton, de l'époque Louis XIV.

www.ingramcontent.com/pod-product-compliance
Ingram Content Group UK Ltd.
Pitfield, Milton Keynes, MK11 3LW, UK
UKHW020527180726
13839UKWH00005B/2353